Roland Werner

Du legst die Hand mir auf die Schulter

Gedichte, Gedanken, Gebete

Roland Werner

Du legst die Hand mir auf die Schulter

Gedichte | Gedanken | Gebete

neukirchener
aussaat

Für Elke
Gefährtin meines Lebens

Für meine Freunde
Begleiter auf Pilgerwegen

Für meine Gemeinde
Familie Gottes hier und jetzt

Inhalt

III Meister und Freund

IV Heimat und Horizont

V KRIPPE UND KREUZ

VI GEIST UND KRAFT

VII DANK UND SEGEN

Vorwort

Du legst die Hand mir auf die Schulter...
Unter dieser Überschrift lege ich dir, liebe Leserin, lieber Leser, diesen Band in die Hände.
Gedichte, Gedanken, Gebete sind es, entstanden in ganz unterschiedlichen Zeiten. Manche in den siebziger und achtziger Jahren, als ich in Marburg und Münster studierte. Manche erst kürzlich, vor wenigen Monaten.
Ich schreibe nicht regelmäßig solche Texte, eher zufällig. Und ab und zu setze ich einmal einen auf meine „Facebook"-Seite. Dort hat jemand aus dem Verlag sie entdeckt und mich gefragt, ob wir nicht einen Gedichtband daraus machen könnten. Da habe ich Ja gesagt, wenn auch etwas zögerlich.

Denn schließlich sind diese Gedanken, Gebete, Gedichte ein sehr persönlicher Blick auf die Welt. Es sind ganz eigene Worte, die hinausreichen sollen zu Gott. Worte, die mich selbst erinnern an das, was ich gedacht und geglaubt habe. Worte, die aus der Vergangenheit auch in meine Zukunft hineinreichen sollen.
Und jetzt hast du sie vor dir.
Lies sie für dich persönlich. Lies sie, wenn es dir hilft, laut. Und lass sie in dir etwas zum Klingen bringen von Glaube, Hoffnung und Liebe.

Erst beim Zusammenstellen dieses Bandes habe ich Bibeltexte zu jedem Text gestellt. Das ist mir wichtig. Denn meine Gedichte und Gebete sind Antwort. Sie entstehen in mir als Widerhall eines jahrzehntelangen Hinhörens auf die Heilige Schrift. Und deshalb hat jedes Gedicht, jedes Gebet und jeder Gedanke von mir hier einen „biblischen Begleiter" erhalten.

Dabei gibt es nicht immer eine klare und direkte Beziehung zwischen dem jeweils vorangestellten Bibeltext und dem, was ich geschrieben habe. Manchmal ist es eher ein Nebeneinander als ein Miteinander. Aber gerade diese Spannung kann auch einen Raum entstehen lassen, in dem wir neu Hören und Beten lernen.

Ich wünsche dir beim Lesen gute Gedanken und die Erfahrung, dass Gottes guter Geist dich anspricht.

Roland Werner, im Christusjahr 2017

I Begegnung und Bewegung

I AUFBRUCH

Denn hier haben wir keine für immer bleibende Stadt,
sondern wir halten Ausschau nach der Stadt der Zukunft.
Hebräer 13, 14

wenn das, was gestern war
und das, was heute ist
den blick versperrt
auf das
was kommen wird
was sein könnte
wohin wir gehen sollten

dann ist aufbruch
nur ein wort
ein traum
eine sehnsucht

doch sind wir zu faul
zu bequem
zu eitel
um wirklich aufzubrechen?

denn aufbruch tut weh
gewohntes wird zurückgelassen
das haus wird abgebrochen
in dem wir so lange gelebt haben

doch schon hat Gott ein zelt für uns bereit
mit dem wir aufbrechen können
eine wohnstatt für die zwischenzeit

denn nur das ist es
ein pilgern auf dem weg
wir haben hier keine bleibende stadt
doch die zukünftige suchen wir

der menschensohn hatte keinen ort
darauf er sein haupt legen konnte

wir haben mehr
geschenkte zeit
gegnadetes leben

doch lasst uns haben als hätten wir nicht
gebrauchen ohne zu besitzen
genießen und uns freuen
doch auch teilen und weiterschenken

denn das beste kommt noch
wenn der könig am ende die türen öffnet
und sagt
seid willkommen
ihr gesegneten des Herrn!

2 DAS WORT DER HEILUNG

*Jesus sah ihn dort liegen und wusste, dass er dort schon eine
so lange Zeit verbracht hatte. Da stellte er ihm die Frage:
»Willst du gesund werden?«*
Johannes 5, 6

Du sahst den Gelähmten inmitten der Menge
Dein Auge hatte ihn längst erblickt.

Du gingst zu ihm, den keiner mehr wahrnahm.
Deine Schritte waren fest.

Du sprachst ihn an und nahmst ihn ernst.
Deine Frage war klar.

Du heiltest ihn, der hoffnungslos da lag.
Dein Wort hatte Vollmacht.

So komm auch zu mir, du Heiland der Menschen
Sieh mich, wie ich bin, einsam und elend.
Sprich auch zu mir das Wort der Heilung.
So werde ich gesund.

3 Dein Wort wird bleiben

»Alles menschliche Leben ist wie das Gras, und seine ganze
Herrlichkeit ist wie die Blüte des Grases.
Das Gras ist verdorrt, und die Blüte ist abgefallen. Doch das
lebendige Wort Gottes des Herrn bleibt bis in die Ewigkeit.«
Damit ist die Botschaft gemeint, die euch als gute Nachricht
gebracht wurde.

1. Petrus 1, 24-25

Dein Wort wird bleiben, wenn die Zeit
Zu ihrem sicheren Ende rast.
Wird Wege weisen, auch im Leid
Wird Ruhe geben in der Hast.

Dein Geist wird wehen, auch wenn wir
Vergessen sollten, wer du bist.
Wird wecken, trösten, leiten hier
Wird zu dir führen, Jesus Christ.

Dein Volk wird warten, auf den Tag
Wenn alle Hoffnung sich erfüllt.
Wird glauben, was auch kommen mag
Wird sich verwandeln in dein Bild.

4 NIMM DEIN BETT

*»Damit ihr erkennt, dass der von Gott beauftragte
Menschensohn auf der Erde die Autorität besitzt, Verfehlun-
gen wegzunehmen ...« – und dann wandte er sich wieder
dem gelähmten Mann zu und sagte: »... sage ich dir: Steh
auf, nimm deine Liegematte und geh nach Hause!« Und
sofort stand er auf, während alle zuschauten.
Er nahm die Liege, auf der er gelegen hatte, und machte sich
auf den Weg nach Hause. Dabei lobte und pries er Gott.*

Lukas 5, 24-25

Nimm dein Bett und geh!
Sagte Jesus.
Wahrscheinlich war es eher eine Art Bastmatte.
Auf jeden Fall war es dem Mann egal,
Wie schwer sie war.
Denn jahrelang hatte sie ihn getragen,
Die Matte, Matratze, das Bett
Aber jetzt, zum ersten Mal
Konnte er das tun.

So ging er los, das Bett geschultert
Jetzt trage ich dich!
Dort, wohin ich will.
Ich bin jetzt mobil geworden.
Durch Jesus.
Nimm dein Bett und geh!
Das hat er gesagt.
Und: Deine Sünden sind dir vergeben!
Da haben sie alle gestaunt.
So einfach geht das doch nicht!

So einfach ging das doch!
Denn Jesus hat es gesagt.
Und was meine Sünden waren,
Und was sie sind.
Das geht die anderen gar nichts an.
Auch nicht die Neugierigen und die Nachrichtensprecher.
Meine Sünden, die habe ich bei Jesus gelassen.
Und der hat sie weggenommen.
Ich kann sie jedenfalls nicht mehr finden.

Und so gehe ich jetzt mit meiner Matte auf dem Arm.
Aufrecht und froh.
Endlich kann ich wieder gehen!
Das hat Jesus gemacht.

Zwar erzählen die Leute immer noch von dem Gelähmten,
Der von den Freunden getragen wurde,
Übrigens ganz herzlichen Dank euch!
Das war ein echter Freundschaftsdienst.
Doch jetzt bin ich ja gar nicht mehr der Gelähmte.
Ich bin der Ex-Gelähmte!
Ich kann frei herumlaufen und springen.
Wegen Jesus.
Ist das nicht toll?

Wohin ich jetzt gehe?
Da muss ich ein bisschen nachdenken.
Vielleicht frage ich auch mal Jesus,
Ob der eine gute Idee hat.
Ich vermute schon.
Auf jeden Fall will ich jetzt erst mal ein bisschen herumlaufen.
Und mein Bett durch die Gegend tragen.
Das macht Spaß!

5 KREISVERKEHR

Wie Schafe, die in die Irre gelaufen waren, so wart ihr.
1. Petrus 2, 15

Immer noch im Kreisverkehr
Herum und herum
Fortschritt kaum

Nur die Zeit verrinnt
So fühle ich mich
Viel zu oft

Die Sicht bleibt vernebelt

Wenn ich die Zukunft erahne
So muss ich hinterher doch
Erkennen
Dass der neue Weg nichts anderes
Als der alte
In neuer Runde war

Ob ich je mich werde losreißen können
Weiß ich nicht

Ganz die Hoffnung aufgeben will ich jedoch nicht
Und so drehe ich
Oft entmutigt und enttäuscht
Weiter meine Kreise

6 GESTERN NOCH

*Deshalb: Nehmt einander an, genauso wie der Messias
auch euch angenommen hat.*
Römer 15, 7

Gestern noch konnten wir sprechen
Du und ich
Nicht verbaut war der Weg
Wie heute

Brich durch
Noch einmal

Gerade noch konnte ich singen
Das Lied
Verstummt jetzt die Stimme
Es schweigt

Stimm an
Noch einmal

Hoffnung also trotz allem?
So fragst du

Hoffnung: Er selbst
Die Brücke
Die hinreicht
Sogar zu mir

7 Gemeinsam im Boot

Als sie schon etwa fünf Kilometer gerudert waren, sahen sie Jesus auf der Seeoberfläche laufen. Er war schon in die Nähe des Bootes gekommen. Da erfasste sie große Furcht. Doch Jesus sagte zu ihnen: »Ich bin es selbst, habt keine Angst!«

Johannes 6, 19-20

Jesus richtete sich auf und wies den Sturm in seine Schranken, genauso wie die wogenden Wassermassen. Da kam alles zur Ruhe und es wurde ganz ruhig. Dann fragte Jesus seine Gefährten: »Wo ist denn euer Vertrauen geblieben?«

Lukas 8, 24-25

26

Gemeinsam im Boot
Sitzen wir hier
Die Wellen schaukeln
Wasser spritzt herein
Denn wir sind unterwegs
Mit Kraft und Mut und Freude
Gemeinsam unterwegs
Die Zukunft ruft

Gemeinsam im Boot
Sitzen wir hier
Schon lange
Das hätten wir nicht gedacht
Dass das so lange dauert
Dass wir uns so nahe kommen
So gut kennen – lernen – müssen – würden
Denn wir sind unterwegs
Immer noch mit Kraft und Mut
Aber manchmal würden wir auch gern ankommen
Irgendwo
Am besten am Ziel!

Gemeinsam im Boot
Sitzen wir hier
Mit den anderen
Schwestern und Brüdern
Ach ja, es sind ja auch Menschen
Das hätten wir fast vergessen
Wieso rudern eigentlich immer die Gleichen?
Und wieso geben immer die Selben den Takt an?
Und warum ruhen die anderen sich immer aus?
Wir sind unterwegs.
Wir rudern.
Rhythmisch klingt es, aber auch eintönig
Und wir sind unterwegs
Immer noch.
Doch: Wo ist Er eigentlich?

Gemeinsam im Boot
Und da gibt es zwei Geschichten.
In beiden wird es stürmisch.
In beiden bedrohlich.
Sehr sogar.
Lebensbedrohlich.
Der Wind wütet und pfeift
Die Wellen peitschen die Gischt ins Gesicht
Das Boot schwankt bedenklich
Hebt sich und fällt wieder.
Wir sind unterwegs
Oder drehen wir uns im Kreis?
Wo ist bloß das Ufer, das Ziel?
Wir ahnten es schon, doch jetzt ist es weiter entfernt als je.

Gemeinsam im Boot
Zwei Geschichten, so sagte ich.
In der einen schläft er.
Scheinbar unbekümmert und sorglos.
Ahnungslos.
Entrückt.

In der anderen ist er gar nicht zu sehen.
Er blieb ja am Ufer zurück.
Kyrie, eleison!
So entringt sich der Schrei der geängstigten Kehle.
Eingeschnürt. Vom Lebensatem abgeschnürt.
Kyrie, eleison!
Meister, kümmert es dich nicht, dass wir versinken?

Gemeinsam im Boot.
Das hätten wir fast vergessen.
Ja, das haben wir übersehen.
Er ist ja dabei.
Er wacht auf.
Er erhebt sich.
Er fragt uns:
Habt ihr wirklich so wenig Vertrauen?

Gemeinsam im Boot.
Aus der Dunkelheit taucht er auf.
Schemenhaft zuerst.
Lässt er sich sehen.
Kommt immer näher.
Spricht uns an.
Und nicht nur uns!
Schweig still und verstumme!
So herrscht er den Wind und das Meer an.
Augenblicklich wird es ganz still.
Werden wir ruhig.
Friede breitet sich aus.

Gemeinsam im Boot.
Immer noch.
Aber nicht allein.
Jesus ist dabei.
Er ist mit im Boot.
Und dann geht es doch.
Das hätten wir eigentlich wissen können.

8 Vergangene Zeit

*Als ich ein unmündiges Kind war, redete ich wie ein
unmündiges Kind und meine Gedankengänge waren
entsprechend unreif. Doch als ich dann ein Mann wurde,
da ließ ich die Angewohnheiten eines unreifen Kindes hinter
mir. Wir schauen noch wie in einen unklaren Metallspiegel,
dann aber von Angesicht zu Angesicht. Noch erkenne ich alles
nur bruchstückhaft, dann aber werde ich erkennen, so wie ich
jetzt schon selbst von Gott erkannt worden bin.*

1. Korinther 13, 11-12

Noch einmal schaust du dich um
Denkst an die vergangene Zeit
Als Kind du noch warst
Was blieb von den Träumen
Was bleibt von dem Weg
Den die Sehnsucht dir wies?

Schärfer wird heute der Wind
Kälter die Nacht
Einsamkeit breitet ihr Kleid
Über uns alle aus
Wie ein Sieb, das erbarmungslos scheidt
Schweres von Leichtem
Weizen und Spreu
Verrinnt dir die zugemessene Spanne

Vorletztes ist es, nicht Letztes
Was dir entflieht
Haschen nach Wind nur das Halten
Merke die Spuren des ewigen Walters
Horch auf die Schritte, Gericht sie verkünden
Schon steht die Waage bereit

Wohl dir, wenn heute du schaust durch den Vorhang
Wenn auf den bleibenden Felsgrund du trittst
Fest bleibt das Herz, das Ruhe dort findet
Sichere Heimstatt in Gott

Schaust du dann noch oftmals zurück
Blickst auf die vergangen Zeit
Getröstet
Denn überstrahlt ist die Zeit der Erwartung
Beglänzt schon vom Ziel
Auch in das Jetzt wirft sein Schein
Eigenes Licht auf verschiedene Dinge

Vergehen und Tod wird das Letzte nicht sein
Und kann es auch nicht
Wenn Antwort gefunden das Fragen
Das Ziel des Wegs dann erreicht
Die Sehnsucht gestillt ist

9 VERÄNDERUNG

Da wurden ihre Augen geöffnet und sie erkannten Jesus.
Doch er wurde unsichtbar für sie. Da sagten sie zueinander:
»Hat unser Herz nicht gebrannt, als er mit uns auf dem Weg
redete und uns das Verständnis des Gottesbuches eröffnete?«
So standen sie in derselben Stunde auf und liefen wieder nach
Jerusalem zurück.

Lukas 24, 31-33

Glitt nicht unser Fuß
Als wir allein wanderten
Und wir wären gestrauchelt auf dem Weg
Der Sorge und Trauer und großen Verzweiflung

Brannte nicht unser Herz
Als er mit uns redete
Und wir wurden erfasst von einer Ahnung
Von Sehnsucht und Hoffnung und banger Erwartung

Sahen nicht unsere Augen
Als er das Brot brach?
Und wir wurden bewegt von großer Freude
Von Jubel und Hoffnung und heller Gewissheit

Sprudelte nicht unser Mund
Als wir es weitersagten
Und wir wurden erfüllt mit seiner Liebe
Mit Mut und Vertrauen und bleibendem Frieden

10 ZU DEINEM FEST

*Doch die Menschen werden kommen vom Osten
und vom Westen, vom Norden und vom Süden und
Platz nehmen an der Festtafel in der neuen, alles
übersteigenden Wirklichkeit Gottes.*

Lukas 13, 29

Aus Norden und Süden,
Von Ost und von West
Sind wir gekommen
Zu deinem Fest.

Mit Sorgen und Fragen
Mit Ängsten, voll Not
Finden wir Zuflucht
Bei dir, unserm Gott.

Du öffnest die Arme
Du lädst uns ein
Am Kreuz ist die Heimat
Hier dürfen wir sein.

Wir öffnen die Augen
Wir öffnen das Herz
Für unseren Nächsten
In seinem Schmerz.

Von Gott angenommen
Das ist unser Glück
Bei ihm ist die Heimat
Wir gehen nicht zurück.

II Suchen und Fragen

I MIR MACHT ES ANGST

In der Welt werdet ihr von allen Seiten bedrängt. Doch fasst wieder Mut, denn ich habe den Sieg über diese Welt!
Johannes 16, 33

Mir macht es Angst
Wenn Lüge hofiert wird
Geschmückt und gepriesen
Sie muss nichts verdecken

Mir tut es weh
Wenn Wahrheit geschmäht wird
Verhöhnt und verlacht
Sie muss sich verstecken

Mir macht es Hoffnung
Wenn Sein Wort gehört wird
Befolgt und beachtet
Es lässt sich entdecken

Mir macht es Mut
Wenn Liebe gelebt wird
Erlernt und erlitten
Sie wird uns erwecken

2 ICH WILL FREI SEIN

Der Messias hat uns befreit, damit wir in wirklicher Freiheit
leben. Deshalb steht jetzt fest in dieser Freiheit und lasst euch
nicht wieder in eine Zwangsjacke der Sklaverei einzwängen!

Galater 5, 1

Ich will frei sein
Ich will denken
Nur die Wahrheit
Soll mich lenken

Ich will frei sein
Ich will singen
Echte Freude
Lässt mich schwingen

Ich will frei sein
Ich will sagen
Gute Worte
Weitertragen

Ich will frei sein
Ich will bauen
Hoffnungsorte
Und vertrauen

3 WER BIN ICH?

Jetzt sind wir Kinder Gottes. Doch es ist noch nicht öffent-
lich sichtbar geworden, was wir sein werden. Wir wissen
jedoch, dass dann, wenn es ganz sichtbar wird, wir ihm
gleich sein werden, denn wir werden ihn so sehen, wie er ist.
1. Johannes 3, 2

Wer bin ich, Herr?
In deinem Licht
kann ich nur staunend sagen:
Ich bin dein Kind.
Wenn alles bricht
wirst du mich dennoch tragen.

Wo bin ich, Herr?
An deiner Hand
kann ich die Zukunft wagen.
Du bist bei mir.
In jedem Land
will ich das mutig sagen.

Wer bist du, Herr?
In deiner Macht
sind Heil und Trost verborgen.
Du bist mein Gott.
Vor aller Zeit
und heute und auch morgen.

4 ERINNERUNG AN EDEN

Dann zeigte er mir einen Strom von Lebenswasser, klar wie
Kristall, der herausquoll aus dem Thron Gottes und des Gottes-
lammes. In der Mitte ihres Platzes und auf beiden Seiten des
Stroms standen Bäume, die zwölf Mal Früchte tragen. Jeder
Monat brachte seine eigene Frucht hervor, und die Blätter des
Baumes dienten zur Heilung der Völker.
Offenbarung 22, 1-2

44

Und schau ich den Garten der Zeit
Was die Entwicklung uns ließ
Blume kaum wag ich's zu nennen

Wo selbst der Grund vergiftet
Die Quelle versiegt
Kein Wölkchen scheint sich zu regen

Der Aufbruch ins Morgen verjährt schon
Die Trickkiste leer
Der Name nur bleibt

Garten
Erinnerung nur
Oder Ausblick auch?

Komm, Pflug, tu dein Werk
In der Hand des Meisters
Und du, Hacke, reiß aus
Was verdorrt

Neues will pflanzen der ewige Gärtner
Schmücken sein Erbteil
Das brach lag
Zu lange
Wie lange

5 BIST DU DA?

Als dann schon der Morgen angebrochen war,
stand Jesus am Ufer.

Johannes 21, 4

Wenn Termine sich häufen
Probleme sich türmen
Aufgaben sich sammeln
Bist du da?

Wenn alles zu viel wird
Der Stress überhand nimmt
Die Zeit überfüllt ist
Du bist da

Wenn der Kopf dröhnt
Das Herz pocht
Die Hand zittert
Bist du da?

Wenn der Wind sich erneuert
Die Sterne sich zeigen
Die Melodie ertönt
Da bist du

6 SEIT DURCH DAS KREUZ ICH SCHAUE

Danach sprach er Thomas an: »Komm her mit deinem
Finger, an diese Stelle, und schau dir meine Hände genau
an! Komm mit deiner Hand und fass meine Seite an!
Sei nicht ungläubig, sondern vertraue!«
Johannes 20, 27

48

Seit durch das Kreuz ich schaue
Steht meine Welt Kopf
Noch benommen vom Gestern
Tappe ich verwirrt im Ungewohnten
Drehe, wende
Suche zu halten
Was vergeht

Was bleibt
Nur
Was gekreuzigt Du neu schaffst
Was geprägt ist von Leben und Tod
Was eins ist
Mit Dir

7 VERHEISSUNG

Doch wir erwarten, so wie er selbst versprochen hat, neue Himmelswelten und eine neue Erde, in denen Gerechtigkeit ihre Wohnung genommen hat.

2. Petrus 3, 13

Willst du bleiben oder gehen
Augenblick
Schönheit strahlt auf schon Erkanntes
Tiefer als auf neue Sicht
Willst du bleiben oder gehen
Helles Licht

Wirst du weinen oder lachen
Schönes Kind
Weißt nicht, was die Zeiten tragen
Freude, Leid in ihrer Hand
Wirst du weinen oder lachen
Weil du's schon gekannt

Wirst du sterben oder leben
Erdensohn
Staub zu Staub und dennoch siegen
Zukunft, wo sie keiner sah
Wirst du sterben oder leben
Stärkeres ist da

III *Meister und Freund*

I So wie wir

*Ein Mensch wurde er, allen gleich, ja, er erwies sich
in jeder Hinsicht als ein Mensch.*
Philipper 2, 7

Jesus – von Anfang an verfolgt
Sie trachteten dir nach dem Leben.

Jesus – von Anfang an bewahrt
Der Vater hielt seine Hand über dich.

Jesus – von Anfang an auf der Flucht
Wie die vielen, die zu allen Zeiten fliehen mussten.

Jesus – von Anfang an gesegnet
Weil der Vater dich erwählt hat.

Jesus – nicht nur für Israel bist du gekommen
Nein, auch für Ägypten und für die ganze Welt.

Jesus – auch für mich bist du gekommen
Du bist mir nahe, auch in schweren Tagen
Du hast sie selbst erlebt.

Danke, dass ich dich immer neu entdecken kann.
Der ich in keinem heiligen Land wohne
Sondern im Land der Finsternis.

Doch auch über uns strahlt es hell
Dein Licht
Du erleuchtest die Dunkelheit
Durchstrahlst die Finsternis.
Jesus
Du Licht der Welt.

2 Der Mann aus Nazareth

Die Leute aus dem Ort waren außer sich vor Verwunderung. Sie fragten sich: »Woher hat er dieses Wissen und diese Weisheit? Und wie kommt es, dass er diese mächtigen Wunder vollbringen kann? Ist das nicht der Sohn des Häuserbauers? Wir kennen doch seine Mutter: Sie heißt Maria, und seine Brüder sind Jakobus, Josef, Simon und Judas! Und seine Schwestern sind doch auch noch hier bei uns im Ort!« So nahmen sie alle an ihm Anstoß.

Matthäus 13, 54-57

54

Nicht auf hohem Ross bist du über die Höhen geritten
Sondern zu Fuß
Bist du auf den steilen Hängen rund um dein Heimatdorf geklettert
Hinauf und hinab.

Nicht von einem Heer von Dienern umgeben hast du gelebt
Die dir jeden Wunsch von den Augen ablasen
Sondern als einfacher Junge, der lernen musste
Die Heilige Schrift und das Handwerk des Vaters.

Nicht bewundert von den Massen und als Held gefeiert
Sondern unerkannt und unbeachtet
Warst du unter uns als ein einfacher Mann
Hast unser Leben geteilt.

Und doch warst du es, Jeschua ha-Notzri, Jesus
  der Nazarener
Des großen Königs David noch größerer Sohn
Auf dem die Verheißung ruhte
König zu sein bis in alle Ewigkeit.

Als du dich dann offenbartest in deiner heimatlichen
  Synagoge
Da empörten sie sich über dich
Sie schrien dich nieder und stießen dich hinaus
Von der Klippe wollten sie dich stürzen.

Doch du gingst mitten durch sie hindurch
Sie konnten dich nicht halten
Deiner königlichen Vollmacht
Konnte niemand widerstehen.

3 Dort am Jordan

*Da kam Jesus aus der Provinz Galiläa an den Fluss Jordan
zu Johannes, um sich auch von ihm untertauchen zu
lassen. Doch Johannes wehrte entschieden ab. Er sagte:
»Wenn überhaupt, dann habe ich es nötig, von dir untergetaucht zu werden! Und du kommst zu mir?«*
Matthäus 3, 13-14

Dort am Jordan wurdest du uns gleich
Stiegst hinab ins Wasser
Du, der keine Sünde kannte

Dort am Jordan sprach zu dir der Vater
Sandte seinen Geist
Auf dich, den Auserwählten

Dort am Jordan folge ich dir nach
Steige ein in deinen Tod
Empfange neues Leben

Dort am Jordan höre ich ganz neu
Die Stimme deines Vaters:
Ich habe dich lieb!

4 WAS FÜR EIN MENSCH

Auf einmal drängte sich eine Frau an Jesus heran. Sie hatte
schon zwölf Jahre lang unter einem unstillbaren Blutfluss
gelitten. Von hinten berührte sie den Saum seines Gewandes,
denn sie dachte bei sich: Wenn ich nur seine Kleidung an-
rühren kann, werde ich sicher gesund! Jesus drehte sich um,
schaute sie an und sagte: »Meine Tochter, du kannst aufatmen!
Dein Vertrauen zu mir hat dir die Heilung geschenkt!« Und
wirklich, die Frau war von diesem Zeitpunkt an gesund.
Matthäus 9, 20-22

Was für ein Mensch bist du, Jesus?
Du suchst nicht große Dinge, nicht irdischen Ruhm
Kapernaum, das bescheidene Fischerdorf, wird Mitte
   deines Wirkens

Allen wendest du dich zu
Den Armen und Kranken und Bedrückten
Einheimische und Ausländer finden bei dir
   ein offenes Ohr

Was für ein Mensch bist du, Jesus?
Du sprichst nur ein Wort, und die Krankheit
   muss fliehen
Alle waren erstaunt über deine Macht

Auch mich hast du berührt
Mich Armen, Kranken, Bedrückten
Mit meiner Not fand ich bei dir ein offenes Ohr

5 WORTE VOLL MACHT

Die Leute, die dabei waren, waren völlig erstaunt und
fragten sich: »Was ist das für einer? Das ist unglaublich!
Ihm gehorchen sogar die Sturmwinde und die Wasser-
massen!«
Matthäus 8, 27

Unscheinbar war es zuerst, dein Kommen
Ein Mann aus dem Bergland
Ein Baumeister aus Nazareth

Doch dann sprachst du zu uns
In den Häusern
In der Synagoge
Im Boot

Wir erkannten, dass du mehr bist
Anders als wir
Kein sündiger Mensch

Du bist der Messias
Der Macht hat
Über Krankheit und Leid
Über Fische und Menschen
Über Sturm, Wind und Wellen

Was sollten wir sonst tun
Als auf dich zu hören
Dir zu folgen
Dich zu lieben?

6 Ganz auf unserer Seite

Daher musste er in allem seinen Brüdern gleich werden,
damit er barmherzig würde und ein treuer Hoherpriester
vor Gott, zu sühnen die Sünden des Volkes. Denn worin er
selber gelitten hat und versucht worden ist, kann er helfen
denen, die versucht werden.
Hebräer 2, 17-18

So bist du, Jesus
Ganz auf unserer Seite
Nichts ist dir fern, was wir erleben
Keine Anfechtung, keine Versuchung,
    keine Schwäche, keine Schmerzen
Du kennst es alles aus eigener Erfahrung.

So bist du, Jesus
Du hast Ja gesagt – auch zum Leiden
Und schließlich zum Tod.
Für uns. An unserer Stelle.

So bist du, Jesus
Unser Bruder
Unser Tröster
Du verstehst uns.
Ich danke dir.

7 Der Meister ist da

»Der Meister ist jetzt hier und er lässt dich zu sich rufen.«
Als Maria das hörte, stand sie schnell auf und lief
zu Jesus hin.
Johannes 11, 28-29

Wenn Träume verfliegen
Hoffnung zerbricht
Wenn alles wankt
Du änderst dich nicht

Von hohen Mauern
Aus Stahl und Stein
Lässt du dich nicht schrecken
Du trittst herein

Du lässt dich sehen
Du kommst ganz nah
Ich kann es verstehen
Der Meister ist da.

8 GRÖSSER ALS WIR DENKEN

Und zu mir gehören noch andere Schafe, die nicht aus diesem Gehege sind. Die muss ich auch noch zu mir holen. Auch sie werden meine Stimme hören, und dann wird es nur noch eine einzige Herde geben und einen einzigen Hirten.
Johannes 10, 16

Nicht nur auf einer Seite bist du zu finden
Jesus
Du sprichst mit den Armen und den Reichen
Den Sündern und den Gerechten
Den Juden und den Samaritern

Nicht nur für wenige bist du gekommen
Jesus
Deine Botschaft gilt allen
Deine Liebe umfasst sie
Die Nahen und die Fernen

Nicht nur für mich bist du gestorben
Jesus
Dein Kreuz steht inmitten
Der Trennung und Schmerzen
Des Leids und der Sünde

9 Auf den ersten Blick

Dann schleppten die Soldaten des Statthalters Jesus hinein in das Prätorium. Die ganze Kompanie stellte sich um ihn herum. Sie zogen ihm die Kleider vom Leib und hängten ihm einen dunkelroten Mantel über. Sie flochten einen Dornenkranz und setzten ihn Jesus auf den Kopf, gaben ihm einen Holzstock in die rechte Hand und fielen vor ihm auf die Knie. So verspotteten sie ihn. Sie riefen: »Heil sei dir, du König der Juden!« Dann spuckten sie Jesus an, nahmen den Stock und schlugen ihm damit auf den Kopf.
Matthäus 27, 27-30

Auf den ersten Blick
Gefällst du mir nicht
Jesus
Du bist
Schwach und verwundbar
Und dennoch im Licht

Auf den zweiten Blick
Erkenne ich mehr
Jesus
Du siehst
Mein ganzes Leben
Und liebst mich so sehr

Auf den dritten Blick
Kann ich wieder hoffen
Jesus
Du willst
Mich zu dir ziehen
Die Tür steht weit offen

Auf den letzten Blick
Wird alles erhellt
Jesus
Du kommst
Trocknest die Tränen
Und erneuerst die Welt

Da kam Jesus wieder, obwohl die Türen verschlossen waren,
stellte sich mitten unter sie und sagte: »*Friede euch!*«
Danach sprach er Thomas an: »*Komm her mit deinem*
Finger, an diese Stelle, und schau dir meine Hände genau
an! Komm mit deiner Hand und fass meine Seite an!
Sei nicht ungläubig, sondern vertraue!« *Thomas antwortete*
ihm: »*Du bist mein Herr und mein Gott!*«
Johannes 20, 26-28

64

jesus christus siegt
nicht mit dröhnenden stiefeln
waffen der vernichtung
bombenterror

nicht mit schlagenden argumenten
scharfsinnigen gedanken
wortgewalt

nicht mit pochen auf dein recht
ausspielen deiner macht
manipulation

gewinnst du
dein sieg kommt leise

stumm wie ein opferlamm
schwach, verwundbar
mit offenem blick
durchnagelter hand
blutigem herz

so stehst du da
trägst die schuld
heilst die wunden
erneuerst die welt

so siegst du
jesus
und keiner wird dir widerstehen

auch wir nicht
dankbar sagen wir
ja

II Du bist

Auf dem Weg dorthin fragte er seine Schüler: »Was sagen die Menschen über mich? Für wen halten sie mich?«
Einige sagten: »Sie halten dich für Johannes, der die Menschen untergetaucht hat, und andere für Elia und wieder andere für einen der Propheten.« Da fragte er sie noch einmal: »Und was sagt ihr über mich?« Petrus gab die Antwort: »Du bist der Messias!«
Markus 8, 27-29

66

Jesus
Du bist
Messias
Der gute Hirte
Heiland der Völker
Marien Sohn

Jesus
Du bist
Der Christus
Anfang und Ende
Erlöser der Menschen
Menschensohn

Jesus
Du bist
König
Fürst des Friedens
Hoffnung der Zeiten
Davids Sohn

Jesus
Du bist
Der Meister
Hirte der Herde
Licht der Welten
Gottes Sohn

12 INRI

*Außerdem befahl Pilatus, ein Schild zu beschriften und
oben am Kreuz zu befestigen. Die Inschrift darauf lautete:
»Jesus der Nazarener, der König der Judäer«*
Johannes 19, 19

INRI
Iesus Nazarenus Rex Iudaeorum
Jesus
Der Nazarener
Der König der Juden

So stand es auf dem Schild
Das vor dir her getragen wurde
Durch die Gassen von Jerusalem

INRI
Iesous Nazaraios Basileus Ioudaion
Jesus
Aus dem Stamm Davids
Der erhoffte Messias

So lautete das Urteil
Das sie alle gefällt hatten
In den Palästen der Mächtigen

INRI
Jeschua ha-Notzri Mäläch ha-Jehudim
Jesus
Der Menschensohn
Der Heiland der Völker

So schallt es in den Herzen
Die auf dich warten
Jederorts und zu allen Zeiten

INRI
Die Frage bleibt stehen
Mitten im Leben
Wer ist Jesus für dich?

13 AM KREUZ

*Dann wurden zusammen mit ihm zwei Verbrecher
gekreuzigt, einer rechts von ihm und einer links. Und die
Leute, die dort herumstanden, schüttelten ihre Köpfe und
lästerten über Jesus.*

Matthäus 27, 38-39

Verachtet, verspottet, ausgepeitscht
So läufst du durch die Gassen der Stadt
Den Todesbalken auf den Schultern

Gekrönt, bespuckt, angenagelt
So hängst du dort am Marterholz
Die Nägel durch Hände und Füße

Verlassen, missverstanden, ausgegrenzt
So erduldest du die Dunkelheit
Die Last der Schuld auf der Seele

Gewiss, vergebend, vertrauend
So betest du dort für die Feinde
Den Willen des Vaters im Herzen

14 DER LEBENDIGE

Und als ich ihn sah, fiel ich nieder vor seinen Füßen.
Wie tot war ich. Da legte er seine rechte Hand auf mich
und sagte: »Hab keine Angst. Ich bin es, der Allererste und
der Letzte. Ja, und ich bin der Lebendige. Tot war ich, und
sieh doch: Ich bin lebendig bis in alle Zukunftszeiten hinein.
Ich besitze die Schlüssel und damit die Macht über den Tod
und das Totenreich.
Offenbarung 1, 17-18

Das Grab konnte ihn nicht halten
Frühmorgens am dritten Tag
Bebte die Erde
Wich der Verschlussstein
Jesus war frei

Der Tod konnte ihn nicht halten
An diesem Tag und auf ewig
Zittert die Hölle
Weichen die Ängste
Jesus ist Herr

Die Welt kann ihn nicht halten
Am Ende der Zeiten
Erbebt die Erde
Weicht das Dunkel
Alles wird neu

IV *Heimat und Horizont*

I Die offene Tür

Sieh doch! Ich habe vor dir eine offene Tür gegeben,
die niemand zuschließen kann.

Offenbarung 3, 8

So öffnest du uns die Tür
Und wir wagen den Blick
In deine Welt
Voller Schönheit und Klarheit und Wahrheit

So zeigst du uns den Weg
Und wir stolpern dir nach
Auf der Straße
Voller Steine und Staub und Mühen

So berührst du uns das Herz
Und wir stimmen dir zu
Deinen Worten
Voller Liebe und Gnade und Licht

So reichst du uns die Hand
Und wir nehmen sie an
Deine Hilfe
Voller Sanftmut und Kraft und Weisheit

2 HIER DÜRFEN WIR SEIN

Nur Gutes und Freundlichkeit werden mich begleiten mein
Leben lang und wohnen darf ich im Haus ADONAIs bis in
die fernsten Tage.
Psalm 23, 6

Ein Weg in der Nacht
Am Ende ein Licht
Ein Wort in das Dunkel
Fürchte dich nicht

Verborgen im Nebel
Im Herzen der Stadt
Ein Ort voller Hoffnung
Wo man Heimat hat

Gott selbst in der Mitte
Er lädt uns ein
Sein Haus steht uns offen
Hier dürfen wir sein

3 FÜR DIE EWIGKEIT

Und ich sah auch die heilige Stadt, das neue Jerusalem,
wie sie aus dem Himmel von Gott herabkam, bereitet wie
eine Braut, die für ihren Ehemann geschmückt ist. Da
hörte ich eine gewaltige Stimme, die vom Thron her kam.
Sie sagte: Sieh her! Das ist das Zelt Gottes, das bei den
Menschen steht. Und er wird mitten unter ihnen wohnen
und sie werden sein Volk sein.

Offenbarung 21, 2-3

Wir bauen unsere Städte
Wie für die Ewigkeit
Mit Mauern und mit Türmen
Ganz hoch und stark und breit

Wir hängen unsre Herzen
An Silber, Gold und Stein
Und sammeln für die Zukunft
Wir wollen ewig sein

Wir suchen immer weiter
Auf Wegen nah und fern
Wir forschen voller Sehnsucht
Und suchen nach dem Stern

Das Ziel, nach dem wir suchen
Ist Gottes eigne Stadt
Der Menschheit wahre Heimat
Die er gegründet hat

Ihr Licht strahlt schon von ferne
Wir hören ihren Klang
Das Fest hat schon begonnen
Laut schallt der Lobgesang

Die Lieder voller Hoffnung
Voll Freude, voller Glück
Wer sie je hat vernommen
Der kehrt nie mehr zurück

4 WOHNRECHT

*Selbst der kleinste Vogel hat ein Haus gefunden, ja, die
Schwalbe ein Nest für sich, wo sie ihre Jungen verstecken kann,
nämlich deine Altäre, ADONAI, der die Heere befehligt, mein
König und mein Gott! Glücklich die, die in deinem Haus
wohnen dürfen, immer wieder preisen sie dich!*
Psalm 84, 4-5

Bunte Farben, helle Lichter
Mittendrin steht Gottes Haus
Fest und klar und hoffnungssicher
Menschen gehen ein und aus

Krumme Gassen, schmale Wege
Dach und Fenster, Tür und Tor
Gut geschützt vor Sturm und Regen
Mancher Gast bleibt außen vor

Kühle Köpfe, harte Herzen
Hände fest zur Faust geballt
Haben keine Zeit zum Scherzen
Augen bleiben starr und kalt

Aus der Ferne winkt die Heimat
Hell erstrahlt ist Gottes Stadt
Lockt und ruft uns in die Wärme
Glücklich, wer hier Wohnrecht hat!

5 ÜBER DEN DÄCHERN DER STADT

Die Himmel verkünden die Herrlichkeit Gottes und das
Weltall erzählt von den Werken seiner Hand. Ein Tag
gibt dem nächsten diese Nachricht weiter und die Kenntnis
davon verbreitet sich von Nacht zu Nacht.
Psalm 19, 2-3

Über den Dächern der Stadt
Wölbt sich der Himmel
Schemel des Höchsten
Hoffnungshorizont

In den Häusern der Stadt
Wohnen wir Menschen
Schönes und Schweres
Lebenshorizont

In den Kirchen der Stadt
Singen wir Lieder
Hören und Beten
Glaubenshorizont

In den Straßen der Stadt
Tönt eine Stimme
Ruft heim zum Vater
Liebeshorizont

6 ICH WILL EUCH TRÖSTEN

Ich will euch trösten wie einen seine Mutter tröstet.
Jesaja 66, 13

Ich will euch trösten
Wie eine Mutter
Mit starken Armen
Halte ich euch

Ich will euch trösten
Als der Vater
Mit treuem Herzen
Liebe ich euch

Ich will euch trösten
Als Gottes-Geist
Mit weiten Flügeln
Trage ich euch

Ich will euch trösten
Als ewiger Heiland
Mit blutenden Händen
Heile ich euch

Ich will euch trösten
Ich, euer Gott
Ich halte und liebe
Trage und heile
Und tröste euch

7 ZEICHEN DER HOFFNUNG

Jesus bewirkte noch viele andere wunderbare Zeichen vor den Augen seiner Schüler. Doch die sind nicht in diesem Buch aufgeschrieben. Aber diese sind aufgeschrieben mit der Absicht, dass ihr zum Vertrauen gelangt, dass Jesus wirklich der Messias, der Christus, ist, der Sohn Gottes.
Johannes 20, 30-31

82

Das Wunder der Schöpfung
Im Sternenall
Ein Ort für uns Menschen
Der Erdenball

Die Sehnsucht der Völker
In tiefster Not
Wo finden wir Frieden?
Wo finden wir Gott?

Das Zeichen der Hoffnung
Das goldene Licht
Er selbst kommt uns nahe
Fürchtet euch nicht!

Das tiefste Geheimnis
Am blutigen Stamm
Bringt Frieden uns Menschen
Das Gotteslamm

Die Freude darf leben
Die Hoffnung bestehn
Das Lamm ist der Sieger
Wir werden ihn sehn

8 JAHRESWECHSEL

Herr, eine Zuflucht warst du für uns von Generation zu Generation. Bevor noch die Berge geboren wurden oder die Erde, ja, der Erdkreis in Geburtswehen lag, da warst du schon Gott von Ewigkeit zu Ewigkeit!
Psalm 90, 1-2

Du bist der Herr
Was in uns ist, schweige
Und beuge sich vor deiner Tat
Weil du es bist, o Vater, zeige
Was deine Hand bereitet hat.

Du bist der Herr
Deine Gedanken
Bringen Not und Angst zur Ruh
Du bist es, Vater
Deckst mein Wanken
Mit Liebe und Erbarmen zu.

Du bist der Herr
Wenn Zweifel stürmen
Und scharfer Wind bläst durch die Nacht
Du bist ein Vater
Willst den schirmen
Der bei dir seine Wohnung macht.

Du bist der Herr
Wir wollen vertrauen
Im Angesicht von Tod und Leid
Du Vater bist es
Den wir schauen
Im Glauben jetzt
Und nach der Zeit.

V *Krippe und Kreuz*

1 Es ist Advent

Dazu bin ich gekommen: ein Feuer auf die Erde zu werfen, und wie sehr sehne ich mich danach, dass es schon auflodert!

Lukas 12, 49

Es ist Advent.
Und wieder brennt das Licht der Hoffnung.

Es ist Advent.
Noch immer brennt das Herz voll Sehnsucht.

Ist noch Advent?
Die Erde brennt in Not und Elend.

Er kommt: Advent!
Voll Liebe brennt das Herz des Vaters.

2 Es ruft eine Stimme

So beginnt die alles verändernde gute Botschaft von Jesus,
dem Messias, dem Sohn Gottes. Sie ist die Erfüllung von
dem, was der Prophet Jesaja als Gottes Worte aufgeschrieben
hatte: »Schaut her: Ich sende meinen Boten vor dir her.
Er wird den Weg für dich vorbereiten. Ja, eine Stimme ruft
in der Wüste: Bahnt den Weg, begradigt die Straßen, auf
denen Gott der Herr selbst kommen wird!«

Markus 1, 1-2

Eine Stimme, ein Ruf am wüsten Ort:
Macht Bahn für den König, hier und dort!
In den Häusern, den Herzen, in eurem Verstand,
Bereitet den Weg ihm im ganzen Land!

Eine Stimme, die die Welt bewegt:
Empfangt ihn, der das Leben trägt!
Sagt Ja zur Hoffnung, sagt Ja zum Licht,
Sein Wort ist wahr: Fürchtet euch nicht!

Eine Stimme, die durch die Zeiten klingt,
Die von Freude, Glaube und Liebe singt,
Von Bethlehem und von Golgatha,
Die ewige Botschaft: Der Retter ist da!

3 SCHON WIEDER

Alle, die von diesen Ereignissen hörten, staunten über das,
was die Hirten ihnen erzählten. Und Maria nahm alles in
sich auf und bewegte das, was sie gehört und erfahren hatte,
in ihrem Herzen.
Lukas 2, 18-19

90

Und schon wieder ist Weihnachten
Und ein neues Jahr
kommt mit Riesenschritten auf uns zu
Türen knallen
Oft mehr als die Korken
Über den Dächern ist Ruh

Und schon wieder ist Weihnachten
Anstrengend war es
In letzter Zeit
Unendliche Feiern
Besinnliche Momente
Doch der Friede ist noch weit

Und schon wieder ist Weihnachten
Könnte es diesmal nicht
Anders werden?
Das Kind in der Krippe
Jesus heißt er
Bringt Erlösung auf Erden

Und schon wieder ist Weihnachten
Und voll Hoffnung winkt
Das neue Jahr
Licht und Leben
Das Geschenk für alle
Christus der Retter ist da

4 Von der Krippe zum Kreuz

Maria, der Mutter von Jesus, sagte er: »Dein Sohn wird viel bewirken. Für viele Menschen im Volk Israel wird er zum Stolperstein werden, aber viele wird er auch wieder aufrichten. Er ist ein Zeichen von Gott, das nicht ohne Widerspruch bleiben wird. Aber auch in deine Seele wird ein Schwert eindringen. Durch ihn werden die innersten Gedanken von vielen Menschen für alle sichtbar werden.«

Lukas 2, 34-35

Es führt ein Weg von der Krippe zum Kreuz
Der Weg, den Jesus ging
Als Mensch er wurde, und als Mensch
Die Menschheit in Liebe umfing.

Es führt ein Weg von der Krippe zum Kreuz
Ein Weg voll Kampf und Not
Auf dem durch Gehorsam der Menschensohn
Steine verwandelt in Brot.

Es führt ein Weg von der Krippe zum Kreuz
Auf dem Vergebung und Licht
Die Mächte der Sünde, der Krankheit, des Tods
Durch Jesu Opfer zerbricht.

Es führt ein Weg von der Krippe zum Kreuz
Willst diesen Weg du gehn,
Den anderen Menschen Bruder sein
Bis sie den Vater sehn?

Es führt ein Weg von der Krippe zum Kreuz
Von Bethlehem nach Golgatha
Den Weg will Jesus mit uns gehn
In diesem und in jedem Jahr.

5 Das bist du

»Das, was kein Auge je gesehen hat und kein Ohr je gehört hat, und das, was noch nie in das Herz eines Menschen hineingekommen ist, das sind die Dinge, die Gott für die vorbereitet hat, die ihn lieb haben.«

1. Korinther 2, 9

Was kein Auge gesehen
kein Ohr gehört
kein Mund gesprochen
keine Hand gefühlt

Das bringst du
wenn du kommst
Jesus

Was das Leben erhellt
die Wunden heilt
die Tränen trocknet
das Herz erfüllt

Das bist du
wenn du kommst
Jesus

6 FÜR MICH

Du deckst vor mir einen Tisch direkt vor meinen Gegnern.
Du salbst meinen Kopf mit triefendem Öl.
Mein Becher ist randvoll. Nur Gutes und Freundlichkeit
werden mich begleiten mein Leben lang und wohnen darf
ich im Haus des Herrn bis in die fernsten Tage.
Psalm 23, 5-6

Und wieder brichst du das Brot
Gibst mir das Stück
Gebrochen
Für mich

Und schließlich hebst du den Kelch
Reichst mir den Wein
Vergossen
Für mich

Noch einmal schaust du mich an
Zeigst mir dein Herz
Zerborsten
Für mich

7 Was die Weisen fanden

Als sie ihn erblickten, waren sie außer sich vor Freude.
Sie gingen in die Behausung hinein und fanden das Kind
bei seiner Mutter Maria. Voller Ehrerbietung fielen sie
nieder und öffneten ihre Schatzkisten. Die Geschenke,
die sie vor dem Kind niederlegten, waren Gold, Weihrauch
und Myrrhe.
Matthäus 2, 10-11

Die Weisen aus dem Osten
Wo man die Sterne kennt
Suchten nach der Wahrheit
Am Himmelsfirmament

Gold, Weihrauch und auch Myrrhe
Brachten sie von fern
Das Beste, was sie hatten
Gaben für den Herrn

Auf ihren weiten Wegen
Der Stern zeigte die Bahn
Sie fanden, was sie suchten
Und beteten ihn an

Das Kind in einer Krippe
Den König dort im Stall
Den Heiland aller Menschen
Den Herrscher übers All

Sie kehrten voller Freude
Zurück ins eigne Land
Erfüllt mit neuer Hoffnung
Das Herz und der Verstand

Und wer wie sie auch heute
Das Alte lässt zurück
Und folgt dem Ruf des Himmels
Der findet dort das Glück

8 DER KÖNIG IN DER KRIPPE

Doch der Gottesbote sagte zu ihnen: »Habt keine Angst!
Denn ich bin hier, um euch eine wunderbare Nachricht
zu bringen! Große Freude bedeutet sie für alle Menschen.
Heute ist für euch der Weltenretter geboren, der Messias, der
rechtmäßige Herr, und zwar in dem Heimatort von David.
Und das kann euch als Zeichen dienen: Ihr werdet ein Baby
finden, das in Windeln eingewickelt in einem Futtertrog liegt.«
Lukas 2, 10-12

Der König in der Krippe
Krippe voll Heu und Stroh
Klein steht sie auf der Erde
Der König in der Krippe
Er kommt, dass Liebe werde.

Der König dort am Kreuz
Kreuz aus rohem Holz
Hoch ragt es aus der Erde
Der König dort am Kreuz
Er stirbt, dass Frieden werde.

Der König und die Krone
Krone voller Dornen
Blut fließt dort auf die Erde
Der König und die Krone
Er siegt, dass Hoffnung werde.

VI *Geist und Kraft*

1 Komm, Geist der Freiheit

Der Herr, das ist der Gottesgeist. Wo er, der Geist des Herrn ist, da ist Freiheit.

2. Korinther 3, 17

Komm, Geist der Freiheit
Komm, starker Wind
Löse die Fesseln
Bis frei wir sind

Komm, Geist der Wahrheit
Komm, starker Wind
Durchleuchte das Denken
Bis wahr wir sind

Komm, Geist der Freude
Komm, starker Wind
Öffne die Augen
Bis froh wir sind

Komm, Geist der Liebe
Komm, starker Wind
Wärme die Herzen
Bis treu wir sind

Komm, Geist von Jesus
Komm, starker Wind
Zeig uns den Vater
Bis heil wir sind

2 Feuer Gottes

Vor dem Thron brennen sieben Feuerfackeln, das sind die sieben Geister Gottes.
Offenbarung 4, 5

Feuer der Liebe
Glut und Kraft
Feuer Gottes
Leben schafft

Feuer der Hoffnung
Offene Tür
Feuer Gottes
Brennt in dir

Feuer des Glaubens
In der Zeit
Feuer Gottes
Leuchtet weit

Feuer des Geistes
Wahres Glück
Feuer Gottes
Kehrt zurück

3 WASSER WIRD WEIN

Als während des Festes der Wein zur Neige ging, sagte die
Mutter von Jesus zu ihm: »Der Wein geht ihnen aus!«
Johannes 2, 3

Wasser wird Wein
Wenn Jesus die Hand im Spiel hat

Wunder werden Wirklichkeit
Wenn der Schöpfer das Wort spricht

Wahn weicht Wahrheit
Wenn der Wind des Geistes weht

4 WIND DER WEISHEIT

»Der Wind weht, wo und wie er will. Das Geräusch, das er macht, hörst du, aber du weißt nicht, woher der Wind eigentlich kommt und wohin er sich bewegt. Genau das gilt auch für jeden Menschen, der neues Leben aus dem Geist Gottes empfangen hat.«
Johannes 3, 8

Wehe, Wind der Weisheit, wehe
Durch die Wüste unsrer Zeit
Füll mit Frieden unsre Herzen
Mache uns für dich bereit

Wirke, Wind der Wahrheit, wirke
In der Wirrnis unsrer Zeit
Führ mit Klarheit unsre Sinne
Zeig uns seine Herrlichkeit

Wecke, Wind der Wachheit, wecke
Aus dem Wahnwitz unsrer Zeit
Stärk mit Treue unsre Seelen
Leite uns in Ewigkeit.

5 GEBET FÜR DIE FREUNDE

Als Jesus die Menschenmassen sah, erfasste ihn großes Erbarmen mit ihnen. Denn sie waren völlig am Ende, verlassen und verloren wie Schafe, um die sich kein Hirte kümmert.
Matthäus 9, 36

Nicht allein mich
Ziehe
Nicht nur mir
Öffne die Sicht

Sieh herab auf meine Brüder
Ihre Wunden
Ihre Schuld wie meine

Sonnen wollen wir uns gemeinsam
In deiner Liebe
Vollende, Herr, die Zahl deines Volkes
Von dir geliebt

6 Du bist gewollt

Ihr seid von Gott geliebt und dazu berufen, ganz zu ihm zu gehören. Euch gilt die wunderbare Gnade und der Friede, die beide von Gott, unserem Vater, kommen und von Jesus, dem Messias.

Römer 1, 7

Du bist gewollt
In meiner Liebe
Sage ich Ja
Zu dir

Du bist erwählt
In meiner Treue
Stelle ich mich
Zu dir

Du bist gesandt
Mit meiner Kraft
Halte ich dich
Bei mir

7 Wer den Himmel berührt

Das soll euer Gebet sein: Du, unser Vater, hoch erhaben im Himmel. Dein Name soll uns heilig sein! Deine Herrschaft komme! Dein Wille geschehe auch hier auf der Erde, wie dort im Himmel.

Matthäus 6, 9-10

Wer den Himmel berührt
Berührt auch die Erde
Verändert die Welt
Bewegt die Menschen
Über die der Himmel sich wölbt

Wer vom Himmel berührt wird
Wird erfasst von der Liebe
Von Wärme und Weite
Kraft und Erbarmen
Die der Vater uns schenkt

Wen der Himmel berührt
Der entdeckt den Einen
Ihn, der herab kam
Ein Kind wurde
Ein Mensch wie wir

Wenn der Himmel berührt
Belebt sein Wehen
Der Hauch seiner Stärke
Freiheit und Wahrheit
Seele und Herz

Wer den Himmel berührt
Erhobenen Herzens
Bricht durch zur Anbetung
Überwindet die Grenzen
Wird befreit zum Lob

VII *Dank und Segen*

1 Am neuen Ufer

Als sie ihn dort, am anderen Ufer des Sees, fanden, sagten sie zu ihm: »Meister, wann bist du hierhin gekommen?«
Johannes 6, 25

114

Wohin du auch gehst
Du gehst nie allein
Denn Er wird immer
Bei dir sein

Was du auch loslässt
Gib es ruhig hin
In seine Hände
Das ist Gewinn

Wenn alles vergeht
Verweht wie der Wind
Das Eine ist sicher:
Du bleibst sein Kind

Wo du auch ankommst
Dort wartet schon er
Am neuen Ufer
Steht der Herr

2 WIEDER SEIN WIE EIN KIND

*Nein, ich ließ meine Seele zur Ruhe kommen, ganz ruhig ist
sie. Wie ein gestilltes Kind bei seiner Mutter, wie ein gestilltes
Kind ist meine Seele in mir. Es hoffe Israel auf den Herrn von
nun an bis in Ewigkeit.*
Psalm 131, 2-3

Wärme und Licht
Weite und Wind
Heimat und Ziel
Wieder sein wie ein Kind

Freude und Liebe
Stärke und Halt
Hoffnung und Trost
Deine Hilfe kommt bald

Mut und Getrostheit
Loblied und Wort
Gesucht und gefunden
Zum Heim wird der Ort

3 Sei gesegnet

Segnet! Denn dazu seid ihr von Gott berufen, dass ihr
Erben des Segens seid.

1. Petrus 3, 9

116

Sei gesegnet, wenn morgens der Tag anbricht
Sei gesegnet im hellen Mittagslicht
Sei gesegnet am Abend und in der Nacht
Sei gesegnet durch ihn, der über dir wacht

Sei gesegnet durch die Güte deines Herrn
Sei gesegnet von ihm, denn er segnet gern
Sei gesegnet auch in Zeiten der Not
Sei gesegnet von ihm, dem guten Gott

Sei gesegnet, wenn etwas in dir zerbricht
Sei gesegnet und wisse: Er lässt dich nicht!
Sei gesegnet, auch wenn alles vergeht
Sei gesegnet in ihm, der zu dir steht

Sei gesegnet, und lerne, ein Segen zu sein
Sei gesegnet von ihm, er schenkt voll dir ein
Sei gesegnet, und lebe in seinem Licht
Sei gesegnet von Jesus, und fürchte dich nicht

4 So soll mein Leben sein

Glücklich zu preisen ist, wer die Lehre ADONAIs mit
Freude aufnimmt und sie Tag und Nacht in seinem Herzen
bewegt! Solche Menschen sind wie Bäume, eingewurzelt an
den Wasserläufen. Wenn die Zeit reif ist, bringen sie ihre
Frucht und ihre Blätter verwelken niemals. Ja, alles, was sie
anpacken, gelingt.
Psalm 1, 2-3

Verwurzelt
Wie ein Baum
Fest und tief verwurzelt
Im Erdreich eingegraben

Wie ein Stamm
Stark und hoch aufragend
Wetterfest gegen alle Stürme

Wie ein Ast
Stark und tragfähig
Für Zweige, Blätter und Frucht

So soll mein Leben sein

Was aber, wenn ich
Das Leben nur träume
Die Stunden verspiele
Die Chancen verpasse

Was, wenn ich
Unstet und ruhelos
Hin und her laufend
Nach Trugbildern hasche
Mich verliere im Vielen
Und das Echte nicht finde

Du bist da
Reißt mich heraus
Greifst meine Hand
Ziehst mich aus dem Treibsand
Stellst mich auf festen Grund

Gott, mein Vater
Jesus, mein Herr
Geist des Heils

Du bist mein Grund
Der Wurzelboden
Der feste Fels

Auf dich baue ich
Und werde nicht zuschanden

5 DANKBARKEIT

Meine Seele, preise ADONAI, und alles, was in mir ist,
seinen heiligen Namen! Meine Seele, preise ADONAI und
vergiss nicht all das Gute, das er für dich getan hat!
Psalm 103, 1-2

120

so blick ich zurück
erstaunt und verwundert
so viel an glück!
als würde ich hundert

so blick ich umher
in helle gesichter
fast wie ein meer
ein see voller lichter

so blick ich voraus
in offene zeiten
bei dir mein zuhaus
du wirst mich begleiten

so blick ich nach oben
was du mir gegeben!
da kann ich nur loben
und lieben mein leben

6 Ein offenes Fenster

*Als ADONAI die Gefangenschaft Zions beendete, da
waren wir wie Träumende. Da erfüllte Lachen unseren
Mund, ja, auf unserer Zunge lag Jubelgesang. Da erzählte
man sich unter den Völkern: »Große Dinge hat ADONAI
an ihnen getan!«*
Psalm 126, 1-2

Ein offenes Fenster
Ein Raum voller Licht
Ein Blick in die Zukunft
Fürchte dich nicht

Die Schatten von Gestern
Das Dunkel der Nacht
Vergehen wie Träume
Wenn ein Mensch erwacht

Weg, Wahrheit und Leben
Brot, Weinstock, die Tür
Der gute Hirte
Hier steht er vor dir.

7 DANKEN WILL ICH

Freut euch zu jeder Zeit! Lasst euer Gebet nicht abbrechen.
Drückt euren Dank in allen Lebenslagen aus. Denn das
ist Gottes guter Wille für euch, der in Jesus, dem Messias,
Gestalt gewinnt.
1. Thessalonicher 5, 16-18

Danken will ich für die Zeiten
Die du mir gegeben hast
Danken für dein gutes Leiten
Auch in Tagen voller Hast.

Loben will ich deine Gnade
Die an jedem Morgen neu
Loben die gebahnten Pfade
Deine Hand, so fest und treu.

Trauen will ich deinen Worten
Ganz verlässlich und ganz wahr
Trauen dir an allen Orten
Deinem Licht, so hell und klar.

Preisen will ich deine Werke
Überall in deiner Welt
Preisen dich für deine Stärke
Die der Welten All erhält.

Segnen will ich deine Leute
Deine Menschen, groß und klein
Segnen, gestern und auch heute
Und auch morgen bei dir sein.

8 Weint nur ein wenig

Er, der das Lamm ist, und der in der Mitte auf dem Thron ist, wird wie ein Hirte für sie sorgen und wird sie zu den Quellen lebendigen Wassers führen. Und Gott wird alle Tränen von ihren Augen abwischen.
Offenbarung 7, 17

Wenn ich dann mal sterbe
Dann weint nur ein wenig
Das dürft ihr schon
Ihr bleibt ja – erst einmal – zurück

Doch dann denkt an mich
Den Glanz und die Freude
Die mich umhüllen
Die Furcht ist vorbei

Denn schon am äußersten Tor
Empfängt mich Gesang
Musik unbeschreiblich
Von Menschen und Engeln

Die Freunde sind da
Und auch die Familie
Und heller als alles
Das Licht aus der Stadt

Und dort steht der Eine
Hoch, heilig, erhaben
Mit offenen Armen
Und ruft mich zu sich

Du bist mir willkommen!
Mein Freund und mein Bruder!
Der, der dies mir sagt
Er hat alle Macht

Er trocknet die Tränen
Er stillt allen Kummer
Er kennt alle Winkel
Er macht alles gut

So denkt, wenn ich sterbe
Vor allem an Jesus
Bei ihm mein Zuhause
Und auch euer Glück

9 DEINE HAND

Und als ich ihn sah, fiel ich nieder vor seinen Füßen.
Wie tot war ich. Da legte er seine rechte Hand auf mich
und sagte: »Hab keine Angst.«
Offenbarung 1, 17

Du legst die Hand mir auf die Schulter
Du strahlst mich an mit deinem Licht
Du sprichst, und alles kommt zur Ruhe
Du bist mein Gott, ich weiche nicht.

Du hüllst mich ganz in dein Erbarmen
Du lädst mich ein, dein Freund zu sein
Du sendest mich in deinem Namen.
Du bist die Tür, ich trete ein.

Du zeigst den Weg mir für mein Leben
Du legst dein Wort in meinen Mund
Du sagst mir: Alles ist vergeben!
Du bist der Arzt, ich werd gesund.

Die Bibelverse sind entnommen aus:
Roland Werner, das Buch. © 2013 SCM-Verlag GmbH & Co. KG, Witten.
Lutherbibel, revidiert, 2017. © 2016 Deutsche Bibelgesellschaft, Stuttgart.

Bibliografische Information der Deutschen Nationalbibliothek:
Die Deutsche Nationalbibliothek verzeichnet diese Publikation in der
Deutschen Nationalbibliografie; detaillierte bibliografische Daten sind im
Internet über http://dnb.d-nb.de abrufbar.

© 2017 Neukirchener Verlagsgesellschaft mbH, Neukirchen-Vluyn
Alle Rechte vorbehalten
Gesamtgestaltung: Miriam Gamper-Brühl, Agentur 3Kreativ
unter Verwendung von © Shutterstock Illustrationen
Lektorat: Sarah Müller, München
Verwendete Schrift: FF Scala
Gesamtherstellung: FINIDR, s.r.o.
Printed in Czech Republic
ISBN 978-3-7615-6387-8

www.neukirchener-verlage.de